NOTICE

SUR LE

TÉLÉMÈTRE DE POCHE

INSTRUMENT

DE LA MESURE RAPIDE DES DISTANCES

PAR A. GAUTIER

CHEF D'ESCADRON D'ARTILLERIE

2ᵉ ÉDITION

PARIS

LIBRAIRIE MILITAIRE DE J. DUMAINE

LIBRAIRE ÉDITEUR

Rue et passage Dauphine, 30

ET GRAVET, ingénieur constructeur de mathématiques

RUE DE BABYLONE, 39

NOTICE

SUR LE

TÉLÉMÈTRE DE POCHE

V

Paris. — Imprimerie de J. DUMAINE, rue Christine, 2.

NOTICE

SUR LE

TÉLÉMÈTRE DE POCHE

INSTRUMENT

DESTINÉ A LA MESURE RAPIDE DES DISTANCES

PAR **A. GAUTIER**

CHEF D'ESCADRON D'ARTILLERIE.

2ᵉ ÉDITION

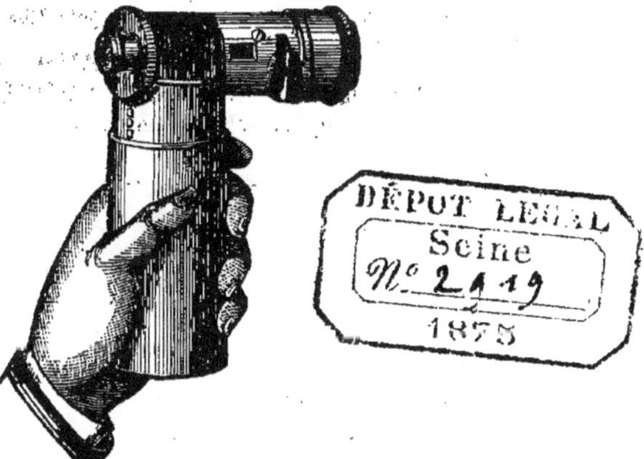

PARIS

LIBRAIRIE MILITAIRE DE J. DUMAINE	TAVERNIER-GRAVET
libraire-éditeur	fabricant d'instruments de mathématiques
RUE ET PASSAGE DAUPHINE, 30.	RUE DE BABYLONE, 39.

1875

Le Télémètre de poche se construit
chez M. TAVERNIER - GRAVET,
Constructeur d'instruments de mathématiques,
39, rue de Babylone, Paris.

INTRODUCTION

La solution du problème de la mesure rapide des distances a été de tout temps l'objet de nombreuses recherches, mais elle n'a jamais eu autant d'importance que depuis la récente transformation des armes à feu.

Le tir ayant acquis aujourd'hui, sur le champ de bataille, une action prépondérante incontestable, on comprend qu'il importe de la lui assurer par le moyen le plus efficace: l'exacte appréciation des distances.

Beaucoup d'opérations militaires, en dehors des circonstances du combat, telles que les travaux d'un siége, le passage d'une rivière, la reconnaissance d'une position, etc., seront facilitées et simplifiées par un procédé de mesure exact et rapide.

Enfin, un procédé de ce genre pourra encore être utilisé, pour des études relatives à certains avant-projets, et sera d'un grand secours pour les voyageurs qui ont à faire des levés chorographiques.

Ces diverses considérations nous ont guidé dans la construction du *télémètre de poche*, que différentes commissions, nommées par M. le ministre de la guerre, ont été chargées d'examiner. Toutes ont constaté, dans leurs rapports au Comité de l'artillerie, la supériorité de cet instrument sur ceux qui ont été proposés avant lui et l'importance des services qu'il peut rendre.

(Extrait du Moniteur de l'armée).
(16 avril 1868).

« Le problème de la mesure rapide des distances est
« un de ceux que l'on rencontre le plus souvent à la
« guerre.

« Le capitaine d'artillerie Gautier, inspecteur des
« études à l'Ecole polytechnique, a présenté au mi-
« nistre de la guerre un appareil qu'il appelle justement
« *télémètre de poche*, à cause de la petitesse de ses dimen-
« sions, et qui donne, sans calcul, la mesure de la dis-
« tance à un objet fixe quelconque.

« Le *télémètre de poche* n'exige qu'un observateur et
« se tient à la main. On peut s'en servir même à cheval.

« Deux visées aux extrémités d'une base très-courte,
« qu'on peut choisir à volonté, constituent toute l'opé-
« ration.

« L'exactitude des résultats que donne l'instrument
« est de l'ordre de celles dont on a besoin à la guerre.
« Elle est due à la sensibilité des éléments optiques
« dont ce télémètre se compose, et à l'impossibilité
« d'un déréglage.

« Un observateur ordinaire peut mesurer une dis-
« tance en moins de trois minutes, et, dans ce cas, l'er-
« reur commise est d'environ 30 mètres par 1000 mètres.

« Cet appareil, soumis à un examen approfondi dans
« diverses écoles d'artillerie, a été, de la part des com-
« missions d'officiers de cette arme, l'objet de rapports
« favorables.

« La solution du problème de la mesure rapide des
« distances, trouvée par le capitaine Gautier, se recom-
« mande donc par sa simplicité et son caractère pra-
« tique à l'attention des officiers de l'armée. »

Le *télémètre de poche* a obtenu à l'Exposition univer-
selle de 1867, à Paris, une médaille d'argent, la plus
haute récompense décernée aux instruments du même
genre.

Il a été également primé à la suite d'un concours ou-
vert par le département militaire du gouvernement
suisse.

Dans cette nouvelle édition, nous nous sommes atta-
ché à rendre l'usage du *télémètre* aussi simple et pratique que possible.

Un travail de M. le capitaine d'artillerie Mignon, fait
avec beaucoup de méthode, au sujet d'une conférence
sur le *télémètre de poche*, nous a été fort utile pour expo-
ser, mieux que dans la précédente édition, la théorie de
l'instrument et son emploi.

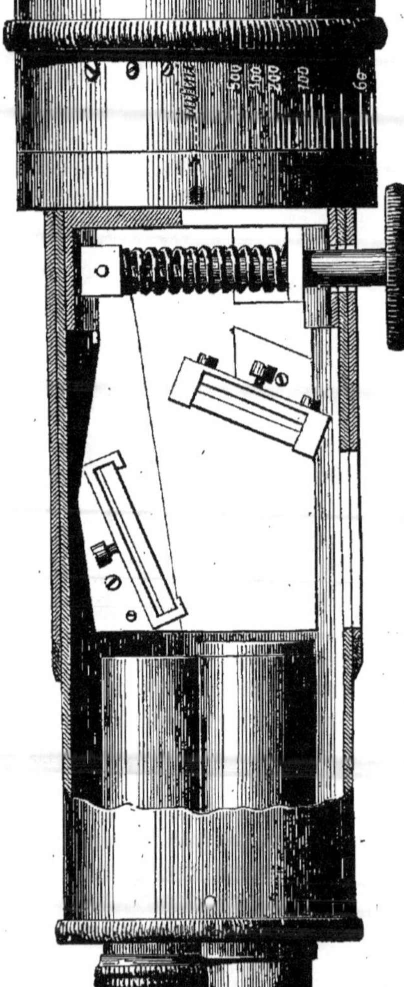

TÉLÉMÈTRE DE POCHE

(Grandeur naturelle)

NOTICE

THÉORIQUE ET PRATIQUE

SUR LE

TÉLÉMÈTRE DE POCHE

CHAPITRE Ier

PRINCIPES GÉOMÉTRIQUES ET OPTIQUES.

Exposé du principe géométrique adopté.

1. La détermination de la distance d'un observateur
à un but inaccessible peut toujours se ramener à la réso-
lution d'un triangle dont on connaît la base et deux angles.

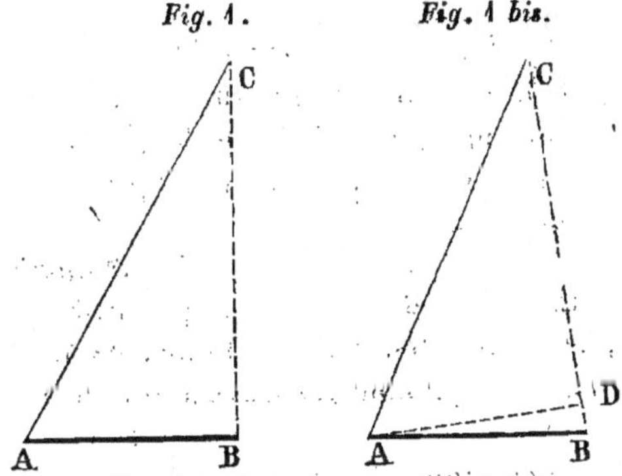

Soit C (*fig.* 1) le but inaccessible, et A l'observateur;

prenons sur le terrain une base A B, et considérons le triangle A B C; si l'angle B est droit, nous aurons la relation :

$$AB = AC \cos A = AC \sin C, \text{ d'où } AC = AB \frac{1}{\sin C}.$$

2. Si l'angle B n'est pas rigoureusement droit, cette formule peut encore être appliquée et donner un résultat suffisamment exact dans la pratique, pourvu que l'angle B diffère peu d'un angle droit.

En effet, supposons que l'angle B (*fig. 1 bis*) soit aigu; abaissons du point A la perpendiculaire A D sur B C; nous aurons $AD = AB \cos BAD$ et $AC = \frac{AD}{\sin C}$, d'où $AC = \frac{AB}{\sin C} \cos BAD$, expression que l'on peut écrire de la manière suivante :

$$AC = \frac{AB}{\sin C} - \frac{AB}{\sin C}(1 - \cos BAD).$$

En ne prenant pour la valeur de AC que la première partie $\frac{AB}{\sin C}$, nous commettons une erreur en plus égale à une fraction de $\frac{AB}{\sin C}$ représentée par $1 - \cos BAD$.

Si l'angle B, au lieu d'être aigu, était obtus, on verrait, en répétant le raisonnement et le calcul précédents, que l'erreur aurait encore la même expression et serait dans le même sens.

Par le fait de la construction de l'instrument, l'angle B ne peut jamais s'écarter d'un angle droit de plus de 8 degrés, soit en plus, soit en moins, ce qui revient à dire que son complément B A D est toujours inférieur à 8°.

Si nous consultons les tables des cosinus naturels, nous trouvons :

$$\cos 2^\circ = 0{,}9994, \text{ d'où } 1 - \cos 2^\circ = 0{,}0006$$
$$\cos 4^\circ = 0{,}9976, \text{ d'où } 1 - \cos 4^\circ = 0{,}0024$$
$$\cos 8^\circ = 0{,}9903, \text{ d'où } 1 - \cos 8^\circ = 0{,}0097.$$

3. Le terme négligé est donc inférieur à 0,001 ou à 0,003 de la distance, si le complément de l'angle B n'atteint pas 2° ou 4°, et nous avons la certitude que dans le cas le plus défavorable, en admettant l'écart maximum que permet l'instrument, l'erreur sera plus petite que le centième de la distance réelle, ce qui nous donnerait 1 mètre pour une distance de 100 mètres, 10 mètres pour une distance de 1,000 mètres, 50 mètres pour 5,000 mètres, etc.

4. Cette approximation est plus que suffisante dans la pratique. Du reste, comme nous le verrons ci-après (n° 72), l'instrument donne le moyen de corriger l'erreur, lorsque l'angle B se rapproche des limites extrêmes.

Opérations à exécuter.

5. Le problème de la mesure d'une distance AC (*fig.* 1) se réduit à ceci :

1° Trouver dans le terrain accessible un point B, tel que l'angle CBA soit sensiblement droit (à 8° près en plus ou en moins), et déterminer le facteur $\dfrac{1}{\sin C}$ par l'observation ;

2° Mesurer la base AB ;

3° Multiplier la longueur AB, exprimée en mètres, par le facteur abstrait $\dfrac{1}{\sin C}$, et le produit exprimera en mètres la distance AC cherchée (1).

____

(1) Si la base était mesurée avec toute autre unité que le mètre, le résultat de l'opération ferait connaître la distance en cette autre unité.

6. La mesure de la base AB se fait aussi exactement que possible au moyen d'un décamètre.

7. La multiplication à effectuer est toujours très-simple ; l'un des facteurs est choisi à volonté (nᵒˢ 51 et 58) ; par conséquent, il peut toujours être exprimé en nombre rond.

8. Quant à la détermination de $\frac{A}{\sin C}$, elle ne peut être faite promptement, avec exactiude et par un observateur unique, qu'à l'aide d'un instrument spécial ; et c'est là proprement le but qu'on s'est proposé dans la construction du télémètre de poche.

Premier élément essentiel du télémètre.

9. Cet instrument contient deux éléments essentiels :

Le premier consiste en un système de deux petits miroirs étamés, disposés sur une plaque métallique, de manière à être à peu près verticaux pendant l'observation. Ces miroirs font entre eux un angle peu différent de 45°, qu'on peut faire varier, entre certaines limites, au moyen d'un bouton molleté.

10. Pour comprendre l'usage de ce système, il est nécessaire de rappeler le théorème suivant :

Soient deux miroirs plans m, m' (*fig.* 2) non parallèles, que nous supposerons coupés par un plan perpendiculaire à l'arête de l'angle dièdre qu'ils forment entre eux ; l'œil d'un observateur placé dans ce plan, au point O, verra dans la direction OC' l'image réfléchie du point C également situé dans ce plan.

L'angle CAC' est double de l'angle I que forment les miroirs.

En effet, élevons sur les miroirs, en m et m', les perpendiculaires mP et m'P'; en vertu des lois de la réflexion qui apprennent que le rayon incident et le rayon

Fig. 2.

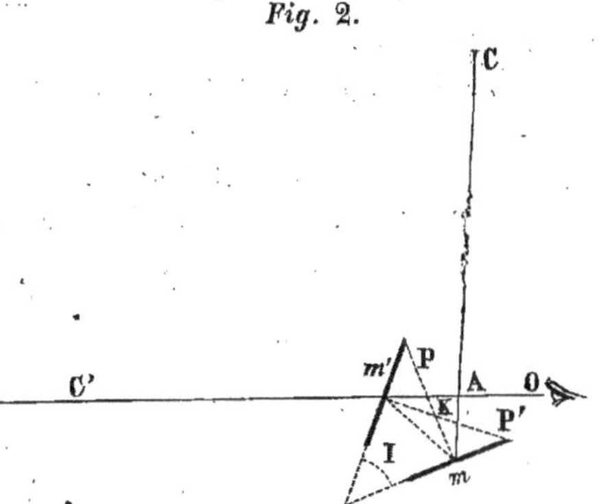

réfléchi sont dans un même plan normal au plan réflecteur, et que l'angle d'incidence est égal à l'angle de réflexion, ces deux perpendiculaires seront les bissectrices des angles m et m' du triangle $m\,m'$A. Or l'angle C A C' extérieur à ce triangle est égal à la somme des angles m et m'. L'angle PKm', extérieur au triangle mKm', est égal à la somme des moitiés de ces mêmes angles m et m' du triangle mAm'; il est donc égal à la moitié de l'angle C A C'. D'un autre côté, l'angle PKm' et l'angle I des miroirs sont égaux, comme ayant leurs côtés perpendiculaires; l'angle C A C' est donc le double de l'angle I.

11. Ce système de deux miroirs est engagé vers le milieu d'un tube, portant à son extrémité une petite lunette et un viseur qui se substituent l'un à l'autre, à la volonté de l'observateur.

12. Le tube formant le corps du télémètre présente une ouverture qui permet aux objets extérieurs de venir se réfléchir sur le système des deux miroirs. Ces deux

miroirs et cette ouverture sont disposés de telle façon qu'en regardant, suivant l'axe du tube, par la petite lunette (n° 11), on peut voir par double réflexion les objets situés sur la droite.

13. Revenons maintenant à la solution de notre problème.

Soit C (*fig.* 3), un point inaccessible, une maison par exemple ; A, un observateur muni de l'instrument. Cet observateur se place d'abord en face du point C et

Fig. 3.

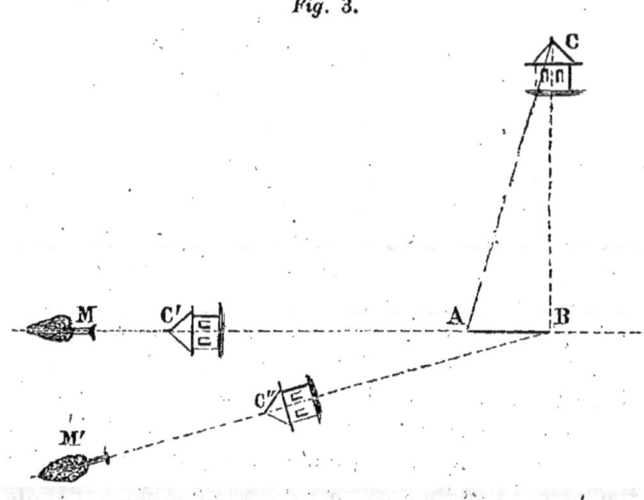

exécute ensuite un à-gauche (ces détails ont pour but de préciser les idées). Il regarde devant lui, à travers la lunette, dans cette nouvelle direction. Par des tâtonnements, dont nous donnerons plus tard la marche, il arrivera à apercevoir, dans une direction AC', l'image doublement réfléchie de la maison C ; l'angle CAC' sera le double de l'angle des deux miroirs (n° 10).

14. Les deux miroirs sont placés assez bas dans le tube pour que l'observateur, en regardant dans la lunette, puisse voir au-dessus d'eux les objets situés devant lui. La tranche supérieure des miroirs et l'axe de la lunette sont dans un même plan, et c'est dans ce plan que se font les visées.

15. Supposons donc que l'observateur aperçoive directement, dans la direction AC', un objet très-apparent, un arbre, par exemple, que nous figurerons en M. La direction AC' se trouvera fixée, sur le terrain, par le point M et par un signal quelconque, que l'observateur aura soin de mettre au point A, avant de quitter ce premier point d'observation.

16. L'observateur se porte ensuite en arrière du point A, en un point B, situé dans la direction MA, en ayant bien soin de ne pas toucher au bouton moletté (n° 9) et de conserver exactement aux deux miroirs l'angle qu'ils avaient au point A. (La longueur AB doit satisfaire à certaines conditions que nous ferons connaître ultérieurement (n° 56); admettons pour le moment qu'elle est choisie convenablement). Il regarde de nouveau dans la lunette ; après quelques tâtonnements, il aperçoit en C'' une nouvelle image doublement réfléchie du point C. L'angle CBC'' est double de l'angle des miroirs (n° 10), et comme cet angle des miroirs est le même qu'au point A, l'angle CBC'' est égal à l'angle CAC'.

17. De là nous pouvons déduire immédiatement l'égalité des angles ACB et $C'BC''$. En effet, l'angle CAC', extérieur au triangle CAB, est égal à la somme des angles CBC' et ACB. L'angle CBC'' est la somme des deux angles CBC' et $C'BC''$. Les angles CBC'' et CAC' étant égaux (n° 16), il en résulte que leurs différences avec un même angle CBC' sont égales.

18. Nous verrons, en étudiant le deuxième élément essentiel du télémètre, que d'après la disposition de l'instrument et la limite supérieure qu'on peut prendre pour A B, l'angle C′B C″, et par suite son égal C, ne sont jamais supérieurs à 3 degrés.

19. Nous avons supposé, pour simplifier l'exposé de la méthode, que l'observateur apercevait directement, par-dessus les miroirs, un objet M, dans la direction A C′. On conçoit qu'il est très-rare que les choses se passent ainsi. L'opérateur choisira alors, dans le champ de vue de l'instrument, un objet M, le plus rapproché possible de l'image du but. Il agira ensuite sur le bouton moletté, pour amener la coïncidence entre l'image G′ et le point M.

20. S'il ne peut amener cette coïncidence par le mouvement du miroir mobile, il reconnaîtra que son point M est mal choisi et il en prendra un autre.

21. Lorsque deux repères se présentent, à droite et à gauche de la perpendiculaire à la direction du but, il est avantageux de prendre celui de gauche; en effet, on doit chercher à avoir au point B un angle C B A de 90°; il faut donc, autant que possible, que l'angle C A M, qui est égal à C B A + C, soit compris entre 90° et 93° (n° 18).

Pour guider l'observateur dans le choix du repère, on a pratiqué dans le tube de l'instrument une petite fenêtre permettant d'apercevoir, gravés sous le bras mobile, des traits qui peuvent être amenés en face d'un index fixe.

Avant de commencer la visée, l'observateur doit amener le trait du milieu, marqué O, vis-à-vis de l'index, et alors, les objets qu'il voit par-dessus les miroirs pendant l'opération et qui paraissent coïncider avec l'image doublement réfléchie du but, sont précisément sur la perpendiculaire à la direction de ce but.

22. Le terrain ne permet pas toujours de trouver un repère bien visible, ayant en même temps une situation et une forme convenables. On peut remplacer ce repère par un aide envoyé à 200 mètres environ, dans la direction A C′, et qui se tient immobile ; par des signaux de la main, on le fait placer un peu à gauche de l'image du but ; puis, en tournant le bouton moletté, on amène exactement sur lui l'image C′.

23. Le triangle A B C est maintenant déterminé sur le terrain, par la première station A, la deuxième station B et le but C, dont on veut connaître la distance. Nous avons de plus un angle M B C″, égal à l'angle C, ayant son sommet au point B, où se trouve actuellement l'observateur.

24. On conçoit qu'au moyen d'un instrument convenablement gradué, on puisse déterminer la valeur de l'angle C, ou même immédiatement celle de $\dfrac{1}{\sin C}$, en déviant l'image du point M, de manière à l'amener en M′ sur la direction B C″. C'est là le but du deuxième élément essentiel du télémètre.

Deuxième élément essentiel du télémètre.

25. Ce deuxième élément est un prisme réfracteur en verre, placé en arrière des miroirs par rapport à l'œil de l'observateur, et à travers lequel on peut voir l'image des objets placés en avant, par-dessus les miroirs. Cette interposition du prisme ne change rien aux raisonnements et aux opérations effectuées jusqu'ici, ainsi que nous le démontrerons tout à l'heure (n° 33), et nous avons pu nous dispenser d'en tenir compte.

26. Le prisme réfracteur consiste en une lame de verre à faces planes, non parallèles, enchâssée dans un anneau concentrique au tube qui forme le corps de l'instrument. Cet anneau est mobile sur lui-même, autour de son axe, et entraîne le prisme dans son mouvement.

27. Supposons que les deux faces du prisme soient prolongées jusqu'à leur rencontre en P P' (*fig.* 4). Cette ligne P P' se nomme l'arête du prisme; admettons

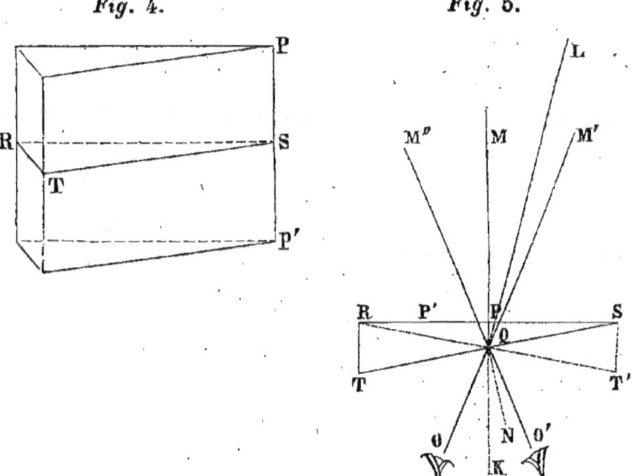

qu'elle soit verticale et à droite de l'observateur. Le plan de visée (n° 14), étant censé horizontal, sera perpendiculaire à l'arête du prisme, dans lequel il déterminera une section droite représentée en R S T (*fig.* 5).

Prenons un point M, situé dans ce plan, sur la perpendiculaire élevée à R S, au point P, milieu de cette ligne, et examinons la marche d'un rayon lumineux M P.

En vertu des lois de la réfraction, ce rayon ne sera pas dévié à son entrée dans le prisme, puisqu'il arrive normalement sur R S ; mais au point d'émergence Q, il prendra la direction Q O, en s'éloignant de la droite Q N, normale à T S au point Q, tout en restant dans le plan de la figure.

L'observateur sera donc obligé de mettre son œil en un point O de la direction Q O pour percevoir le rayon émergent, et le point M lui paraîtra dévié à sa droite dans la direction O M', faisant avec la direction Q M un angle M Q M'.

Faisons effectuer à tout le système une demi-révolution autour de M K, pris comme axe ; le point S décrivant une demi-circonférence au-dessus du plan et le point R au-dessous, la ligne O M' décrira un demi-cône autour de M K, l'angle M'Q M restant constant, et, le mouvement achevé, la section du prisme aura pris la position R S T'. Pour percevoir l'image réfractée du point M, l'œil de l'observateur devra se placer au point O' ; l'image lui paraîtra à gauche du point M, dans la direction O'M", symétrique de O M' par rapport à l'axe M K. Le rayon M'Q, décrivant un demi-cône au-dessus du plan de visée, vient se placer successivement dans tous les plans perpendiculaires à ce plan de visée qui passent par le point Q, et sont compris entre les deux positions extrêmes M'Q et M"Q ; autrement dit, sa projection parcourt l'angle M'Q M", en prenant toutes les positions intermédiaires ; il sera dès lors facile de l'arrêter à une position donnée, Q L par exemple. Il suffira pour cela d'amener l'image du point M sur la verticale passant par L, en supposant le plan de visée horizontal.

Les mêmes conclusions subsistent encore, si la face

2

R'S n'est pas perpendiculaire à l'axe de rotation MK, et si l'on considère la marche d'un autre rayon lumineux, rencontrant cette face en un point quelconque, tel que P'.

28. L'anneau mobile, dont le mouvement détermine la rotation du prisme, porte sur sa circonférence une graduation qui indique, en face d'un index placé sur la partie fixe du tube, les valeurs de $\frac{1}{\sin C}$, correspondant aux diverses grandeurs de la rotation effectuée. Ces valeurs sont inscrites, depuis la position initiale du prisme, jusqu'à sa position finale, obtenue par une demi-rotation.

29. A la position initiale correspond l'angle $C = 0$ et $\frac{1}{\sin C} =$ infini; la position finale donne $\frac{1}{\sin C} = 20$, et l'angle C correspondant est d'environ 3°.

30. Une demi-révolution du prisme ne déplace donc l'image M' que de 3° vers la gauche. Le déplacement du prisme, qui est de 180°, est donc en moyenne 60 fois plus grand que celui de l'image. C'est ce qui permet de rendre très-sensibles les petites variations de l'angle M'QL, et d'obtenir la valeur de $\frac{1}{\sin C}$ avec une grande exactitude.

31. Avant de commencer l'opération, il faut avoir soin de tourner l'anneau jusqu'au refus, dans le sens des divisions croissantes, ce qui amène devant l'index fixe la division marquée *infini*. Dans ce cas, l'arête du prisme est perpendiculaire au plan de visée et située à droite de l'observateur.

32. Supposons que cette prescription a été exécutée et continuons notre opération.

L'observateur qui est en B (*fig.* 3) voit par double réflexion le but C en C″. Il voit également le point M par-dessus les miroirs et à travers le prisme. Il tourne l'anneau porte-prisme jusqu'à ce que l'image du point M lui paraisse en M′, dans la direction BC″. Il lit la division correspondant à l'index fixe, ce qui lui donne la valeur de $\frac{1}{\sin C}$. Il mesure, s'il ne l'a déjà fait, la longueur AB au moyen d'un décamètre, et le produit de AB par $\frac{1}{\sin C}$ lui donne la distance AC′ cherchée.

33. Nous avons supposé, pour simplifier le raisonnement, que nous dirigions l'image C′ sur un objet M (19); mais en regardant à travers le prisme, nous apercevons cet objet dévié vers la droite, et non pas dans la position où il est réellement. On aurait pu construire l'instrument de manière qu'à la position initiale du prisme, la réfraction fût verticale. Il aurait suffi pour cela de mettre l'arête du prisme horizontale. Mais, dans ce cas, le déplacement angulaire de l'image vers la gauche aurait été limité par un quart de révolution du prisme, ou 90° au lieu de 180°, que nous donne la disposition adoptée; il est clair, en effet, qu'en continuant la révolution au delà du 90°, position où l'arête serait verticale et à gauche de l'observateur, l'image M′ reviendrait sur la droite en passant au-dessous du plan de la figure 5. La limite de l'angle C ne serait plus que 1°,30′ au lieu de 3°, et si enfin, pour conserver cette limite de 3°, jugée et reconnue nécessaire dans la pratique, nous prenions un prisme donnant une déviation double, le mouvement angulaire de l'anneau porte-prisme ne serait plus que $\frac{90}{3}$, ou 30 fois plus grand que le déplacement angulaire de l'image, tandis qu'il est 60 plus grand dans le télémètre tel

qu'il est construit. Nous aurions ainsi diminué la précision avec laquelle on peut lire les valeurs de $\dfrac{1}{\sin C}$.

D'ailleurs, la disposition adoptée ne change rien à l'exactitude de la solution. En effet, soit M (*fig.* 6) le signal observé du point A, à travers le prisme que nous supposons placé à sa position initiale (arête verticale et

Fig. 6.

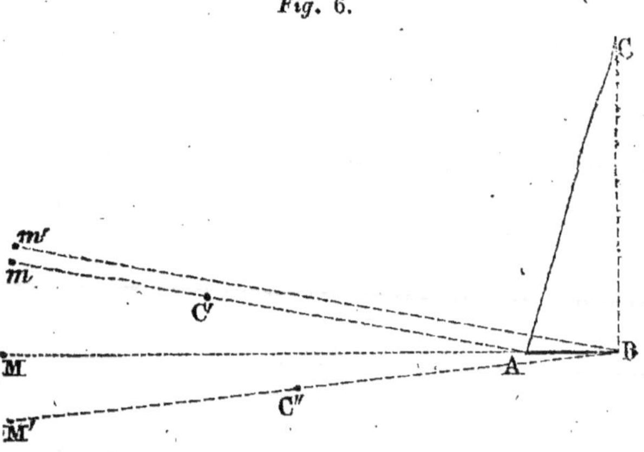

à droite de l'observateur); son image, réfractée vers la droite, paraît dans la direction Am, et c'est en C' dans cette direction qu'on amène par le miroir mobile l'image du point C. Transportons-nous en B sans déranger l'instrument, l'image de C viendra en C" et les directions A C', B C" feront un angle égal à l'angle C. Or l'image du point M paraîtra en m' dans la direction Bm' parallèle à Am. Il faudra donc, pour l'amener en M' dans la direction B C", la déplacer d'un angle m' B C" égal à l'angle C.

34. La longueur de la base AB est limitée par cette condition que l'angle C soit au plus égal à 3°. Dans le

cas où l'on aurait pris une base trop grande, on s'en aper-
cevrait en faisant l'opération décrite au n° 32, par l'impossibilité d'amener la coïncidence entre M′ et C″. Après
la demi-révolution du prisme, l'image M′ se trouverait
encore à droite de C″. Il faudrait alors rapprocher la
deuxième station de la première.

CHAPITRE II.

DESCRIPTION ET NOMENCLATURE DU TÉLÉMÈTRE.

---

35. Résumons maintenant la nomenclature et la description du télémètre, en y ajoutant les détails qu'il ne nous était pas indispensable de faire connaître, pour suivre la marche de l'opération.

36. Le télémètre de poche comprend, comme éléments essentiels, un prisme réfracteur (*lame de verre à faces planes, non parallèles, faisant entre elles un angle de 3° environ*) et deux petits miroirs étamés, engagés dans un tube de 10 à 12 centimètres ; celui-ci se termine par une petite lunette (1), à travers laquelle l'observateur voit en même temps les objets qui sont à sa droite et ceux qui sont devant lui, les premiers par double réflexion dans les miroirs et les derniers par réfraction à travers le prisme.

37. Le prisme est fixe dans un anneau mobile autour de la partie antérieure du tube ; cet anneau porte des divisions marquées 20, 30, 40, 60, 100..... infini. L'examen de l'instrument montre que les divisions intermédiaires correspondent à des nombres qui croissent par unités depuis 20 jusqu'à 40, par 5 unités depuis 40 jusqu'à 100, puis par 20 unités de 100 à 200.

38. Les miroirs sont disposés sur une petite plaque métallique, de manière à faire entre eux un angle peu différent de 45°. L'un d'eux est fixe, l'autre est monté

(1) Les derniers instruments portent aussi un viseur qu'on peut substituer à la lunette.

sur un bras mobile, mis en mouvement par un bouton
moletté qui l'attire ou le repousse, en agissant par l'in-
termédiaire d'une vis intérieure ; on peut ainsi faire varier l'angle des miroirs de quelques degrés, dans les
deux sens.

39. Le tube est en deux parties •qui s'emboîtent à
frottement ; la première porte le prisme et les deux petits miroirs ; la seconde, qui porte la lunette (et le viseur
dans les derniers instruments), présente à sa surface
deux ouvertures ; l'une en face des miroirs, laissant
voir par réflexion les objets situés à la droite de l'observateur, l'autre permettant de lire des divisions tracées sur la face inférieure du bras mobile, vis-à-vis d'un
index fixe ; cette dernière portion du tube est enveloppée
sur la moitié de sa longueur d'un manchon mobile qui,
tourné dans un sens, laisse les ouvertures libres et permet de séparer les deux parties du tube, tandis que
tourné dans le sens contraire, il les réunit et ferme les
ouvertures.

40. L'étui qui renferme l'instrument est cylindrique,
et lui sert de poignée verticale pendant les opérations.
A cet effet, on a pratiqué à sa partie supérieure deux
échancrures destinées à recevoir le télémètre. On main-
tient solidement ce dernier au moyen d'une ganse élastique qui l'entoure et se fixe à l'étui. Dans l'une des
échancrures de l'étui, on remarque un goujon qui s'introduit dans un trou pratiqué, à la fois, sur le tube de
l'instrument et sur le bouchon porte-viseur ; il s'op-
pose ainsi à tout glissement du télémètre, et, en même
temps, il assure la bonne position de la lunette ou du viseur.

41. L'instrument qui vient d'être décrit suffit, avec un
décamètre, pour la mesure rapide des distances.

CHAPITRE III.

Opération avec une base constante.

42. Nous allons résumer l'opération décrite au chapitre Ier, en introduisant quelques détails pratiques que nous avions dû négliger, pour ne pas interrompre la suite de nos raisonnements.

43. On rend d'abord libres les ouvertures pratiquées sur le tube et à l'extrémité du télémètre; on assujettit l'instrument sur son étui, au moyen de la ganse ; on règle le tirage de la lunette suivant sa vue, en ayant soin de placer horizontale la fente de l'œilleton (cette précaution n'est nécessaire qu'avec un petit nombre d'instruments construits en premier lieu ; dans tous les autres, le mouvement de la lunette est guidé par une coulisse). On tourne ensuite l'anneau mobile jusqu'au refus, dans le sens des divisions croissantes, pour amener le mot *infini* devant l'index fixe et placer ainsi le prisme dans sa position initiale. On fait enfin coïncider le trait milieu du bras mobile et l'index fixe, pour que le miroir mobile soit à sa position moyenne. Le télémètre est alors disposé pour l'opération.

44. L'opérateur se place d'abord en A (*fig.* 3), en face du but, fait un à-gauche et cherche l'image doublement réfléchie du but. Pour la trouver, il penche lentement l'instrument de droite à gauche ou de gauche à droite, jusqu'à ce qu'il aperçoive, par réflexion, les objets situés à hauteur du but ; il n'a plus ensuite qu'à tourner lentement sur lui-même, jusqu'à ce qu'il rencontre l'image du but.

45. Il incline alors l'instrument en avant ou en arrière, sans perdre de vue l'image du but ; il voit en même temps les objets plus ou moins élevés qui sont devant lui, se mettre successivement à hauteur de la tranche supérieure du petit miroir. Parmi tous ces objets, il en remarque un M, bien visible, autant que possible très-éloigné, dans le plan du terrain qui est en arrière de lui et un peu à gauche de l'image du but (n° 21). Nous nommerons cet objet le *signal naturel*.

46. Il tourne le bouton moletté avec le pouce de la main droite, tenu vertical, et déplace ainsi l'image du but, qu'il amène en coïncidence parfaite avec celle du signal naturel.

47. Pour que la visée soit bien faite, il ne suffit pas que les images du but et du signal paraissent se trouver sur une même verticale ; il est indispensable que ces images soient amenées à la même hauteur dans la lunette, et pour cela elles doivent d'abord être placées en contact apparent avec la tranche supérieure du petit miroir ; on y arrive par de légers mouvements de la main, en observant qu'en penchant l'instrument de gauche à droite, on fait monter l'image du but dans le miroir, et qu'en l'inclinant d'avant en arrière, l'image du signal paraît s'abaisser dans le prisme. Ces mouvements ne doivent pas être exagérés, pour que les images ne disparaissent pas.

48. Lorsqu'on a pris un signal trop éloigné de l'image du but, on ne peut faire coïncider les images. Il faut alors choisir un autre signal (n° 20).

49. On peut craindre que la recherche d'un bon signal naturel ne soit une cause de perte de temps ; il

peut d'ailleurs se rencontrer des cas où l'on n'aperçoit aucun signal éloigné. On peut alors remplacer le signal naturel, dont il est parlé au n° 45, par un aide qu'on envoie à environ 200 mètres et qui se tient immobile.

A la guerre, où il importe d'opérer sans hésitation, ce dernier moyen sera plus avantageux.

On fait placer l'aide par des indications de la main, de manière que, vu dans l'instrument, il paraisse légèrement à gauche de l'image du but. On amène ensuite sur lui l'image du but, comme il a été expliqué aux n°s 46 et 47.

50. La visée étant faite, la position de la pointe du pied de l'observateur, ou la projection de l'extrémité de l'instrument à l'aide du fil à plomb, marque sur le sol la première station. On la fixe avec une canne, un fusil, etc.

51. L'opérateur mesure ensuite une base A B de 20 mètres, par exemple, dans l'alignement du signal M et en s'éloignant de celui-ci. Il se place en B, dans la même position qu'au point A, la pointe du pied au point B, ou l'extrémité du télémètre sur la verticale passant par B, suivant sa manière d'opérer ; il rétablit la concordance entre les deux images, par une rotation convenable du prisme (1), et il lit, en face de l'index fixe, la valeur de $\dfrac{A}{\sin C}$. Supposons-la de 40 ; il multiplie la

---

(1) En se reportant au n° 27, on voit que pour faire rigoureusement cette deuxième visée, il faudrait que le plan de visée du télémètre fût maintenu invariable, c'est-à-dire, passant toujours par le but et par le signal naturel, et qu'ensuite, l'image du signal fût amenée par la rotation du prisme sur une perpendiculaire à ce plan de visée passant par l'image du but.

Mais cette manière d'opérer est inadmissible, parce qu'on jugerait mal de la direction d'une perpendiculaire au plan de visée.

Il est indispensable, comme à la première visée, d'amener les deux

longueur de la base, 20 mètres, par 40, et trouve 800 mètres pour la distance cherchée.

Remarques importantes.

52. Lorsque le signal naturel n'est pas très-éloigné, et particulièrement quand il est remplacé par un aide envoyé à 200 mètres, il est important de bien aligner la base sur le signal ou sur l'aide (n° 80), et il convient par conséquent de marquer la première station par un objet vertical bien visible.

53. Si du point B, où l'on se trouve, le signal paraît trop au-dessus de la première station A, pour qu'il soit facile de se placer correctement dans l'alignement de ces deux points, on peut se servir de l'instrument pour cet objet. Après avoir rétabli la concordance entre l'image du but et celle du signal, on inclinera l'instrument d'arrière en avant, de manière à abaisser l'image réfléchie du but, tout en la maintenant à la partie supérieure du petit miroir; si l'alignement est correct, cette image devra pouvoir être amenée directement au-dessus de l'objet qui marque la première station; lorsque cette condition n'est pas remplie, on doit se déplacer un peu à droite ou à gauche, et rectifier la visée sur le signal.

54. Mais dans l'hypothèse d'un signal trop élevé au-dessus de la base prolongée, le résultat donné par l'instrument est entaché d'une erreur en plus, analogue à

images à la même hauteur dans la lunette. D'ailleurs, on peut s'assurer par le raisonnement que si l'angle des deux miroirs est peu différent de 45°, l'image du but, en s'élevant jusqu'à la hauteur de l'image du signal, suit *très-sensiblement* la perpendiculaire au plan de visée. En effet, le rayon lumineux qui aboutit à l'image du but décrit un cône droit dont l'axe passe par le but, et ce cône se transforme en plan lorsque les directions du but et de son image sont perpendiculaires l'une à l'autre.

celle qui provient de l'écart entre la valeur de l'angle B et un angle droit (1). Il convient donc de se tenir autant que possible dans les conditions indiquées au n° 45, pour n'avoir à se préoccuper d'aucune correction.

55. Il est indispensable que l'observateur fasse coïncider avec le signal, le même point du but, aux deux stations. Si, par exemple, le but est un objet vertical d'une grande hauteur, tel qu'une cheminée d'usine, il devra, aux deux stations, faire coïncider avec le signal l'image de l'extrémité du but, et non celle d'un point quelconque de sa hauteur, ce qui pourrait donner lieu à des erreurs très-grandes. Il n'est pas indifférent non plus de viser une arête ou le milieu d'un objet qui est symétrique par rapport à un axe vertical. Quand l'image réfléchie paraît ne pas être beaucoup plus large que le signal, on obtient plus de précision en pointant à son centre qu'en visant sur l'arête.

56. Une base de 20 mètres suffit pour mesurer les distances comprises entre 400 et et 1000 mètres ; les bases de 40 et 50 mètres sont bonnes pour mesurer les distances de 1000 à 3000 mètres. En général, si l'on veut obtenir du premier coup l'exactitude dont on a besoin à la guerre, il convient d'opérer avec des bases comprises entre le *cinquantième* et le *vingtième* de la distance cherchée ; la limite du *vingtième* est imposée par la construc-

---

(1) Si en joignant le point B au point M, on avait une direction faisant, dans un plan vertical, un angle α avec celle de la base, ce ne serait plus par AB qu'il faudrait multiplier $\dfrac{1}{\sin C}$ pour avoir la distance cherchée, mais bien par la projection de la base sur cette direction BM, projection qui est égale à AB cos α. Il faudrait donc multiplier par cos α la longueur trouvée en prenant AB pour base, ou retrancher de cette longueur une fraction exprimée par 1 — cos α.

tion de l'instrument et la limite inférieure, du *cinquantième* par les erreurs habituelles de visées (n° 90).

57. L'exactitude qu'on peut atteindre dans les opérations augmente à mesure que la base est plus grande, et, pour une même base, les erreurs à craindre croissent à peu près comme le carré des distances (n° 84).

Opération avec une base proportionnelle.

58. Au lieu d'employer une base d'une longueur fixée à l'avance, on peut, au contraire, en quittant la première station, mettre un facteur déterminé, 50 par exemple, en face de l'index fixe, et chercher la grandeur d'une base qui sera le cinquantième de la distance, en se reculant dans la direction M A jusqu'à ce que la correspondance des images soit établie.

59. En procédant ainsi, on élimine les erreurs de lecture sur l'anneau mobile.

Les erreurs probables pour une même valeur de $\dfrac{1}{\sin C}$ sont proportionnelles aux distances (n° 85).

60. Le facteur 50 et les facteurs voisins donnent de très-bons résultats. Si les accidents de terrain ne permettent pas de choisir arbitrairement le facteur $\dfrac{1}{\sin C}$, on peut, après la première visée, prendre, en tenant compte des conditions spéciales, une base qu'on ne mesure pas tout d'abord et déterminer par une visée rapide la valeur approximative de $\dfrac{1}{\sin C}$. Il suffit ensuite d'établir la coïncidence exacte entre l'index et la division la plus voisine, et de terminer l'opération comme il vient d'être indiqué (n° 58).

Opérations avec l'instrument renversé.

61. Si l'on ne peut envoyer un aide à 200 mètres vers la gauche du but et si l'on ne trouve de ce côté aucun signal convenable, mais qu'il y en ait à droite, on peut opérer suivant l'un des deux procédés ci-dessus, en renversant l'instrument, ce qui place à gauche de l'observateur la fenêtre permettant aux rayons extérieurs de venir se réfléchir sur les miroirs.

Comme dans les opérations précédentes, la base doit être prise dans l'alignement du signal et en s'éloignant de lui.

Opérations en visant directement le but.

62. On peut enfin opérer en visant directement le but au lieu de le regarder par réflexion.

Fig. 7.

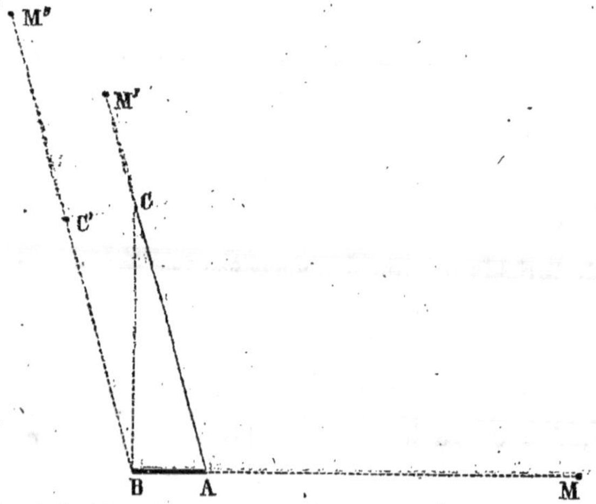

Soit A C (*fig.* 7) la distance à mesurer. L'instrument

ayant été préparé comme il a été indiqué au nº 43, il suffit que l'opérateur, placé au point A, le dirige vers le but, pour apercevoir immédiatement l'image de ce but C à travers le prisme. En inclinant ensuite l'instrument à droite ou à gauche, ce qui revient à le faire tourner autour de son axe, il voit les images doublement réfléchies, des objets qui se trouvent à sa droite, monter ou descendre dans le petit miroir. C'est parmi ces objets qu'il prend un signal M, en le choisissant, autant que possible, bien visible, très-éloigné, dans le plan du terrain situé à sa gauche, de manière que son image, vue dans l'instrument, soit un peu à droite de l'image du but (afin que le triangle C A B soit sensiblement rectangle au point B).

Il amène, au moyen du bouton molleté, l'image M′ de ce signal dans la direction AC, et il marque la première station A, en projetant verticalement sur le sol la position de la fenêtre latérale pendant la visée.

63. L'opérateur prend ensuite une base à sa gauche, dans l'alignement du signal et en s'éloignant de celui-ci. Il se transporte au point B, par exemple, et il voit l'image du signal dans une direction B M″ parallèle à A M′ parce qu'il n'a pas changé l'angle des miroirs. Cette direction et celle B C du but font un angle égal à l'angle C du triangle A D C. Il est donc facile de déterminer le facteur $\frac{1}{\sin C}$ par une déviation qu'on fera subir à l'image du point C de manière à l'amener en C′ sur la direction B M″.

64. Ce procédé présente sur le premier (nº 44) quelques avantages, lorsqu'on n'a pas l'habitude de l'instrument.

En effet, la visée à la première station est plus facile

en visant directement le but, qu'en cherchant son image dans le petit miroir.

En second lieu, si le but est peu visible, il est préférable de le regarder directement, parce que la lumière est moins affaiblie par son passage à travers le prisme réfracteur, que par sa double réflexion dans les miroirs.

Enfin, par ce dernier procédé, il est plus commode de faire mesurer la base pendant la première visée.

Mais il faut remarquer que la base devant être prise de côté, l'alignement est rendu plus difficile, surtout si l'on opère par la base proportionnelle.

Or, on verra plus loin (n° 79), que l'influence d'un défaut d'alignement sur l'exactitude du résultat, est en raison inverse de l'éloignement du signal.

65. Il faut donc s'abstenir de faire les visées directes sur le but, si l'on ne peut pas disposer d'un signal très-éloigné. Si, au contraire, il existe sur la droite du but des repères ou signaux éloignés, bien visibles et convenablement situés, et qu'il ne s'en trouve pas sur la gauche, il sera plus avantageux de viser directement le but que d'opérer avec l'instrument renversé.

Opération par répétition.

66. Il faut éviter de prendre une base inférieure au centième de la distance. Lorsque l'emplacement dont on dispose ne permet pas de réaliser cette condition, il faut avoir recours à la méthode de la répétition.

67. L'opération consiste, dans ce cas, en une série de visées faites successivement des deux extrémités de la base. A l'une des extrémités (1re station), on ramène la coïndence, en faisant varier l'angle des miroirs au moyen

du bouton moletté, et à l'autre (2ᵉ station), en tournant l'anneau portant le prisme réfracteur.

La dernière visée doit avoir lieu à la deuxième station, représentée par le point B dans les fig. 3 et 7. Il faudra donc faire un nombre pair de visées. Soit $2n$ ce nombre; on aura multiplié par n l'angle C sous-tendu par la base et on lira sur l'anneau le facteur $\dfrac{1}{\sin nC}$. L'angle nC étant toujours inférieur à 3°, nous pouvons admettre que, dans les limites de 0° à 3°, les angles sont proportionnels à leurs sinus, ce qui revient à poser $\sin nC = n \sin C$ (1).

Après avoir fait le produit de la base b par le facteur lu en dernier lieu sur l'anneau mobile, il suffira de le multiplier par n, pour avoir la distance cherchée, car on a identiquement $b \times \dfrac{1}{\sin C} = nb \times \dfrac{1}{n \sin C}$.

68. Il est avantageux de terminer l'opération par l'un des facteurs en nombre rond gravés sur l'anneau mobile. Lorsqu'on voit le facteur choisi assez près de l'index, on l'amène en coïncidence avec lui, en quittant la première station, puis on parcourt, sur la base, la longueur nécessaire pour retrouver la concordance des images. On supprime ainsi l'erreur de lecture sur l'anneau.

Si l'on a parcouru n fois la base b, depuis le point A jusqu'au point B, plus une longueur b', depuis la pre-

---

(1) Cette hypothèse peut être admise en toute sécurité. Supposons, par exemple, qu'on ait répété 18 fois un angle de 10 minutes; nous prenons à dessein un cas très-défavorable. Le sinus de 180 minutes ou 3 degrés est égal à 0,052336, tandis que 18 sin 10' = 0,052360. La différence entre ces deux nombres étant inférieure à 0,0005 de leur valeur, la substitution de l'un à l'autre n'introduit dans la mesure qu'une erreur inférieure à 0ᵐ,50 pour 1000 mètres.

mière station A, c'est $nb + b'$ qu'il faudra multiplier par le dernier facteur amené vis-à-vis de l'index.

69. C'est par ce procédé que, placé sur le donjon de Vincennes, on a pu mesurer la distance à la flèche de Notre-Dame de Paris. Cette distance est de 6,270 mètres, et l'on ne pouvait disposer que d'une base de 19 mètres.

70. Le signal naturel était une cheminée d'usine, située à environ 2,500 mètres sur la gauche du but ; on se servait du fil à plomb à chacune des stations, et un jalon placé un peu en avant de la première station servait à prendre l'alignement de la base.

Tableau des visées.

FACTEURS.	BASES partielles.	BASES totales.	PRODUITS.
Entre 400 et 300	19m		
— 180 — 160	19		
— 120 — 100	19		
100	6,58	63m,58	6,358m
— 85 — 80	19		
75	8,25	84,25	6,317
— 70 — 65	19		
— 55 — 50	19		
50	10,78	124,78	6,239
— 50 — 45	19		
— 45 — 40	19		
40	4,45	156,45	6,258
— 40 — 35	19		
— 35 — 30	19		
30	18,70	208,70	6,261
— 30 — 25	19		
— 30 — 25	19		
— 30 — 25	19		
25	4,18	251,18	6,279

71. Dans cet exemple, on voit que la répétition est d'abord poussée jusqu'au facteur 100. A ce moment, on a parcouru 3 fois la base de 19 mètres plus 6^m,58, soit en tout 63^m,58 ; le produit de cette [base totale par 100 donne un premier résultat 6,358 mètres. On continue la répétition, en se portant à la deuxième station et en opérant sans tenir compte de la visée correspondant au facteur 100. On s'arrête successivement aux facteurs 75, 50, 40, 30 et 20 ; chaque fois, on obtient un résultat plus exact. Les facteurs 30 et 25 donnent la distance à 10 mètres près.

72. Il est évident que les visées correspondant à des facteurs plus grands que celui auquel on veut s'arrêter ne sont pas indispensables, mais leurs indications approchées sont utiles, en ce qu'elles peuvent faire reconnaître une faute commise.

73. La méthode de la répétition permet de mesurer des distances dans certains cas où tout autre procédé basé sur l'emploi d'instruments portatifs serait en défaut.

CHAPITRE IV

74. Pour se rendre compte de l'approximation qu'on peut obtenir dans les mesures, il faut connaître les diverses causes des erreurs auxquelles les observations sont exposées, et savoir comment elles modifient les distances.

Erreurs provenant de la base.

75. Les principales causes d'erreurs proviennent : les unes de la mesure ou de l'inclinaison de la base, les autres de la mesure des angles.

76. Les premières ont généralement peu d'importance :

1º La base peut être facilement mesurée à 1/200 près, et il n'en résulte dans la mesure qu'une erreur de 1/200 au plus, soit 5 mètres par 1000 mètres;

2º L'instrument, par sa construction, ne permet pas que la direction de la base s'écarte de plus de 8º de la perpendiculaire à la direction du but, et nous avons vu (nº 3) que l'erreur qui en résulte est toujours inférieure à 1/100 de la distance. D'ailleurs l'instrument fournit le moyen de faire la correction, qui est toujours soustractive.

A cet effet, après la lecture du facteur, et tout en restant à la deuxième station, l'observateur ramène le prisme à sa position initiale et rétablit la coïncidence en se servant du bouton. Alors, en retournant l'instrument, il voit par la petite fenêtre la position de l'index par rap port aux divisions tracées sur la partie inférieure du bras mobile.

Si cet index est en face de la division du milieu, la correction est nulle.

S'il est en face de la première division à droite ou à gauche, la correction est de 1/200.

S'il est en face de la deuxième division, à droite ou à gauche, la correction est de 1/100.

Dans la plupart des cas, surtout lorsqu'un aide sert de signal, comme il a été indiqué (n° 49), la correction est faible et peut être négligée.

Erreurs dans la mesure des angles.

77. Ces erreurs ont plus d'influence que les précédentes sur le résultat de l'opération. La mesure de la distance dépend de la mesure d'un angle, qui est toujours très-petit. Qu'on veuille, par exemple, mesurer une distance de 1,000 mètres au moyen d'une base de 20 mètres, l'angle ou sommet du triangle ne dépasse guère 1 degré; si l'on ne connaît cet angle qu'à 3 minutes près, c'est-à-dire à 1/20 près de sa valeur, la distance cherchée ne sera déterminée qu'à 1/20 près, et il s'ensuit une erreur de 50 mètres dans le résultat.

Les erreurs dans la mesure des angles proviennent des causes suivantes.

Erreurs de graduation et de lecture.

78. La graduation des instruments est faite par des procédés mécaniques; les erreurs dont elle peut être affectée ne dépassent pas 10 à 15 secondes.

Dans les instruments du modèle actuel, l'erreur à craindre en estimant les fractions de divisions est inférieure à 30 secondes, entre les divisions 20 et 100 ; on l'élimine d'ailleurs par le procédé de la base proportionnelle.

Erreur d'alignement de la base.

79. Supposons qu'à l'extrémité d'une base de 20 mètres, la deuxième station soit prise à 4 centimètres en dehors de l'alignement sur le signal, en B′, par exemple (*fig.* 8). L'erreur d'alignement de la base est mesurée par l'angle BAB′, qui est de 7 minutes dans l'hypothèse actuelle.

Fig. 8.

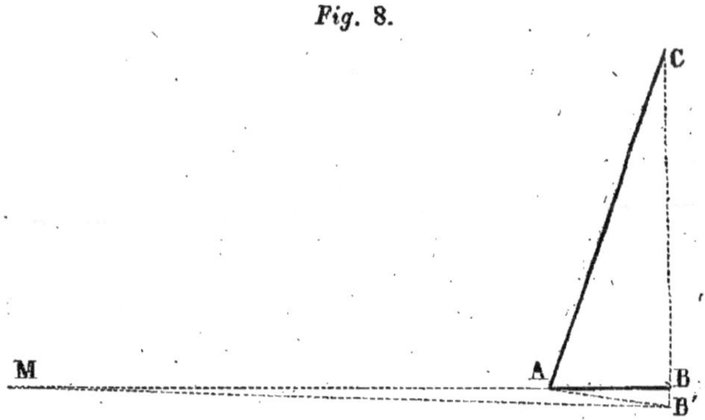

Le télémètre de poche détermine l'angle C par la différence des angles MAC, MBC ; or, l'observateur se trouvant en B′ mesure la différence des angles MAC, MB′C ; l'erreur qu'il commet est donc MBC —MB′C=BMB′ ; la mesure de l'angle C est trop grande de la quantité BMB′ et la distance AC est trouvée trop petite. L'inverse aurait lieu, si le point B′ était placé entre B et C.

Cette erreur d'angle est à la précédente dans le rapport inverse des longueurs MB et AB, de telle sorte que, si l'éloignement du signal par rapport à la première station est égal à 10 fois la longueur de la base (200 mètres dans le cas actuel), l'erreur dans la mesure de l'angle C est inférieure au 1/10 de 7 minutes qui est 42 secondes; si l'éloignement du signal est supérieur à 60 fois la base, cette erreur devient inférieure à 7 secondes.

C'est grâce à cette propriété de la méthode qu'un instrument employé à la main peut donner des résultats relativement très-précis.

80. Cet exemple montre bien qu'il est très-avantageux d'employer un signal éloigné, et que dans le cas où le signal est rapproché, il est nécessaire de marquer exactement la première station par un jalon et de faire avec soin l'alignement de la base.

Erreurs de visées.

81. Les erreurs de visées tiennent à deux causes qu'il est essentiel de distinguer.

En premier lieu, lorsqu'il s'agit d'établir en concordance deux images dont les distances sont très-différentes, tel observateur est porté à juger que cette correspondance est établie, lorsqu'en réalité l'une des images est trop à droite, et tel autre, lorsque l'image est trop à gauche. Nous avons constaté ce fait avant la construction du télémètre de poche au moyen d'un premier appareil qui avait aussi été construit pour mesurer rapidement les distances et avec lequel l'opération pouvait être faite par deux observateurs agissant simultanément. Pour une position déterminée des observateurs, nous obtenions des résultats toujours trop grands en inversant cette position, les résultats étaient trop faibles.

On peut énoncer la cause de ce fait en disant que chaque observateur a une *collimation personnelle*.

L'écart de la collimation personnelle sur la collimation vraie n'a aucune influence dans l'opération exécutée au moyen du télémètre de poche, il disparaît dans la différence des angles qui servent à déterminer l'angle C.

En second lieu, si un observateur répète un grand nombre de fois la même visée, il commet à chaque fois une erreur plus ou moins grande, qui est due à l'imperfection de l'œil. Les divers écarts de pointé se groupent autour d'un écart moyen qui n'est autre que la collimation personnelle de l'observateur.

Les écarts de visée, pris par rapport à la visée normale de l'observateur, peuvent être indifféremment positifs ou négatifs; c'est la différence algébrique de ces écarts aux deux stations qui affecte la valeur de l'angle C.

82. Les erreurs de visée dépendent de la forme plus ou moins régulière des objets visés et de la vue de l'observateur. Dans l'emploi du télémètre, ces erreurs, abstraction faite de la collimation personnelle, sont en général inférieures à 1 minute; lorsque le but et le signal ont des formes bien définies, sont symétriques par rapport à un axe vertical et ont une hauteur apparente au moins égale à celle d'un homme placé à 400 mètres, les visées peuvent être faites à 5 ou 10 secondes près. La visibilité plus ou moins grande de ces objets a peu d'influence sur l'exactitude du résultat.

Erreur définitive du résultat.

83. Dans le cas le plus défavorable, les erreurs com-

mises dans la mesure des angles, en s'ajoutant, conduisent à une erreur totale d'environ 3 minutes sur la mesure de l'angle C. Il en résulte, ainsi que nous l'avons vu précédemment (n° 77), une erreur maximum d'environ 50 mètres sur une distance de 1000 mètres, mesurée au moyen d'une base de 20 mètres.

84. Il est facile de démontrer que l'erreur maximum du résultat varie en raison inverse de la longueur de la base et à peu près proportionnellement au carré de la distance.

En effet, en désignant la distance par D, la base par b et le sinus de l'angle C par c, on aura :

$$D = \frac{b}{c}.$$

Soit e l'erreur commise sur le sinus de l'angle C, on trouvera une distance inexacte

$$D' = \frac{b}{c \pm e}.$$

Si l'erreur e est petite relativement à c, on aura sensiblement

$$D - D' \text{ ou } D' - D = \frac{eb}{c^2} = \frac{eD^2}{b}.$$

Donc, pour des opérations faites avec une base constante b, les erreurs sont proportionnelles au carré de la distance à mesurer, et pour les opérations faites sur une même distance D, les erreurs sont inversement proportionnelles à la base employée.

85. Lorsque la base augmente proportionnellement à la distance, l'erreur à craindre sur le résultat est simplement proportionnelle à cette distance, ou, en d'autres termes, l'erreur relative reste la même pour toutes les distances.

86. Le tableau ci-dessous fait connaître quelques-

uns des résultats obtenus par l'une des commissions chargées d'expérimenter le télémètre de poche.

Les bases ont été mesurées au moyen d'un décamètre.

BASES employées.	FACTEURS lus.	DISTANCES trouvées.	DISTANCES vraies.	ERREURS en mètres.	DÉSIGNATION des buts.	REMARQUES.
mèt.		mèt.	mèt.	mèt.		
20	30	600	600	0	Batterie fixe.	Temps pluvieux et sombre.
20	35	700	745	— 45	Idem.	Idem.
20	50	1,000	1,000	0	Butte de polygone.	
20	64	1,280	1,240	+ 40		Beau temps.
20	80	1,600	1,600	0	Hôpital.	Idem.
20	110	2,200	2,190	+ 10	Eglise.	Idem.
40	64	2,560	2,580	— 20	Hôpital.	Idem.
49,80	54	2,689	2,660	+ 29	Tour.	Vent violent.
168,50	21	3,538	3,510	+ 28	Eglise.	Beau temps.
68,50	57	3,904	3,880	+ 24	Couvent.	Idem.
39,20	100	3,920	4,050	—130	Maison.	Vent violent.
32,90	131	4,310	4,260	+ 50	Arbre.	Beau temps.
58,65	80,5	4,722	4,650	+ 72	Village.	Idem.
88,00	58,5	5,148	5,100	+ 48	Observatoire.	Idem.
36,25	160	5,800	5,920	—120	Château.	Vent violent.
40,00	165	6,600	6,580	+ 20	Flèche.	Idem.

87. Les opérations suivantes ont été faites en évaluant la base au pas.

BASES employées.	FACTEURS lus.	DISTANCES trouvées.	DISTANCES vraies.	ERREURS en mètres.	DÉSIGNATION des buts.	REMARQUES.
mèt.		mèt.	mèt.	mèt.		
42	23	966	943	+ 23	Pont.	Beau temps.
40	44	1,760	1,750	+ 10	Eglise.	
19	21	399	400	— 1	Tour.	
28	21	588	600	— 12	Tour.	Beau temps, mais le soir, après le coucher du soleil.
48	37	666	680	— 14	Pont.	
32	22	704	740	— 6	Pont.	
43	20	860	880	— 20	Convent.	
36	125	4,500	4,400	+100	Point culminant.	
20	45	900	880	+ 20	Bord d'un fleuve.	
19	70	1,330	1,320	+ 10	Pont de ch. de fer.	
20	70	1,400	1,440	— 40	Fortification.	Violente bourrasque de vent.
32	54	1,728	1,750	— 22	Fortification.	
15	130	1,950	2,020	— 70	Fortification.	
40	320	3,200	3,100	+100	Clocher.	
60	60	3,600	3,600	0	Hôpital.	
80	62	4,960	5,000	— 40	Obélisque.	

Conséquences pratiques des expériences.

88. Du tableau complet des opérations faites par cette commission, on peut tirer ces conséquences :

1º Le télémètre n'exige qu'une très-courte initiation. En défalquant de toutes les observations les deux premières faites par chacun des officiers qui ont manié l'instrument, on trouve que l'erreur des observations subséquentes est en moyenne de 30 mètres par 1000 mètres.

2º Le temps, la lumière n'exercent qu'une influence secondaire sur les résultats obtenus ;

3º Dans les limites entre lesquelles les distances à mesurer peuvent raisonnablement varier, c'est-à-dire de

500 mètres à 7 ou 8,000 mètres, les erreurs relatives ne croissent pas avec la distance.

Ainsi, on a trouvé que :

De 0^m à 1,000^m, l'erreur moyenne est de 22^m par 1,000^m.
De 1,000 à 2,000,   —   28   —
De 2,000 à 3,000,   —   27   —
De 3,000 à 4,000,   —   27   —
De 4,000 à 5,000,   —   33   —
Au-dessus de 5,000,   —   31   —

4° La dimension de la base a une influence qui ressort d'une manière assez nette. Ainsi, les opérations dans lesquelles on a pris une base inférieure au centième de la distance cherchée donnent une erreur moyenne de 0,030, lorsque la base a été mesurée au décamètre, et de 0,041, lorsqu'elle a été évaluée au pas; tandis que les opérations pour lesquelles on a pris une base plus grande donnent dans l'un et l'autre cas, une erreur moyenne de 0,022.

5° L'exactitude du résultat tient surtout aux circonstances dans lesquelles l'opérateur se place. Si les objets qu'il vise sont mal vus, s'il ne trouve pas dans le lointain de point de repère commode, s'il a devant lui un horizon noyé dans la lumière, s'il ne prend pas la précaution de tourner la fenêtre latérale, le matin vers l'ouest et le soir vers l'est, si le terrain est très-incliné, inégal et semé d'obstacles, les résultats seront médiocres; tandis que dans une plaine unie, où ses mouvements seront libres, le même observateur obtiendra une grande exactitude.

89. Ces expériences prouvent encore que l'on peut mesurer la base au pas, ce qui rend l'emploi du télémètre aussi commode que possible. Il est important, toute-

fois, de faire quelques réserves : 1º l'officier qui emploie cette méthode doit être sûr de son pas ; 2º il ne doit l'employer que dans un terrain dont le parcours soit assez commode pour ne pas modifier son pas ; 3º il doit mesurer une base plus grande que s'il la mesurait avec la roulette, et éviter, autant que possible, de descendre au-dessous de 40 mètres pour 1,000 mètres.

Des expériences faites après la rédaction du rapport ont prouvé qu'un observateur, mesurant des distances comprises entre 2,000 et 9,000 mètres, obtient des erreurs inférieures à 0,03, s'il se place dans les conditions énoncées ci-dessus, tandis que ces erreurs s'élèvent à 0,1 s'il demande à l'instrument plus qu'il ne peut raisonnablement donner.

90. Il résulte de ce qui précède, qu'avec des bases du cinquantième environ, on peut obtenir la mesure des distances avec une approximation suffisante, soit pour régler le tir de l'infanterie ou celui de l'artillerie, soit pour exécuter des levés de reconnaissance. Si les conditions des visées sont bonnes, on peut encore obtenir des résultats satisfaisants, avec la base du centième. Mais si les conditions sont moins favorables ou que l'on vise à la précision et que le terrain ne permette pas d'employer une base plus grande que le centième, il ne faut pas hésiter à opérer par la méthode de la répétition, comme il a été indiqué au nº 66.

Examen des erreurs dans les opérations par répétition.

91. Nous allons examiner comment les erreurs de la mesure se trouvent réduites par l'emploi de cette méthode.

Considérons d'abord les erreurs dues à la mesure des angles et qui sont les plus importantes.

92. Les causes de ces erreurs peuvent se diviser en deux classes : 1º celles qui ne se produisent qu'à la fin de l'opération, quel que soit le nombre des répétitions : ce sont les erreurs de graduation et de lecture; 2º celles qui se présentent à chacun des couples de visées qui constituent une opération simple : ce sont les erreurs de visées et les erreurs d'alignement de la base.

Soit n le nombre des répétitions effectuées, avec une base b; la méthode (nº 67) conduit à $n\,\dfrac{b}{\sin n\,C}$ pour la mesure de la distance. Or, le renvoi du même numéro montre que la différence entre $\dfrac{1}{\sin n\,C}$ et $\dfrac{1}{n\,\sin C}$ est toujours négligeable; le résultat de l'opération peut donc s'écrire ainsi : $D = n\,\dfrac{b}{nc}$.

93. Les erreurs de graduation et de lecture introduiront dans le dénominateur nc une erreur e et l'on en déduira une distance inexacte $n\,\dfrac{b}{nc \mp e}$.

94. Considérons les erreurs de visées dans chaque couple constituant une opération simple. L'angle C est mesuré par la différence de deux angles observés aux deux stations; cette différence fait disparaître l'effet de la collimation personnelle. (nº 81). Il en résulte que l'erreur commise dans la mesure de l'angle C, peut être indifféremment positive ou négative dans chaque opération simple, comprenant deux visées, et qu'il s'établit, en général, des compensations dans une série d'opérations de cette nature.

95. Les erreurs accidentelles qui proviennent de l'alignement de la base donnent lieu aux mêmes remarques.

Elles peuvent aussi être positives ou négatives (n° 79), et dans une série d'opérations consécutives, il s'établit en général des compensations.

96. Lorsqu'on effectue un grand nombre de mesures par des opérations simples, on peut arriver à connaître l'erreur moyenne qui affecte le dénominateur sin C et celles qui ne sont dépassées en moyenne qu'une fois sur *dix*, ou une fois sur *cent*, etc.

Désignons par ε l'une de ces erreurs; le calcul des probabilités apprend que dans une série de n opérations simples, constituant une opération par répétition, l'erreur analogue, résultant de la somme algébrique des erreurs partielles, aura pour valeur $\varepsilon \sqrt{n}$.

La distance inexacte donnée par l'opération sera donc

$$D' = n \frac{b}{nc \pm e \pm \varepsilon \sqrt{n}}.$$

Or la distance exacte étant

$$D = n \frac{b}{nc}$$

l'errreur commise sur la distance sera

$$D - D' = n \frac{(\pm e \pm \varepsilon \sqrt{n})b}{nc(nc \pm e \pm \varepsilon \sqrt{n})}$$

ou à peu près

$$\frac{(\pm e \pm \varepsilon \sqrt{n})b}{nc^2}$$

à cause de $D^2 = \dfrac{b^2}{c^2}$, cette expression de l'erreur revient à

$$\left(\pm \frac{e}{n} \pm \frac{\varepsilon}{\sqrt{n}} \right) \frac{D^2}{b}.$$

On voit donc que, par l'emploi de la méthode de la répétition, les erreurs provenant de la graduation ou de la lecture sont réduites proportionnellement au nombre des répétitions, et que les erreurs provenant de la mesure des angles sont réduites proportionnellement à la raciné carrée de ce nombre.

97. En ce qui concerne les erreurs introduites par la mesure ou l'inclinaison de la base, les premières ne peuvent être réduites que par les soins apportés dans l'opération, les dernières dépendent du choix du signal; on peut, dans certains cas, les rendre négligeables, ou en tenir compte, comme il a été expliqué au n° 76.

CHAPITRE V.

98. Quelques perfectionnements ont été apportés tout récemment à la construction des télémètres.

1° L'étui en boissellerie a été remplacé par un étui métallique.

Dans certains instruments, la ganse en caoutchouc est fixée au fond de cet étui, au moyen d'une pièce vissée qui permet de la changer facilement. Dans les instruments de fabrication plus récente, cette ganse est remplacée par un élastique métallique qui est beucoup plus solide.

2° A côté de la lunette, on a placé un viseur, composé d'un petit tube et d'un œilleton fixe. Ce viseur rend les observations plus faciles : par son emploi, le champ de vue dans les miroirs est doublé et il dispense l'opérateur des soins qu'exige la mise au point d'une lunette.

Pour remplacer la lunette par le viseur à œilleton, ou réciproquement, il suffit de tourner d'un demi-tour le bouchon métallique dans lequel ils sont fixés ; le mouvement est limité au point convenable par un goujon qui vient buter contre le bord de l'échancrure demi-circulaire pratiquée dans le tube.

99. Le télémètre de poche est d'un transport très-facile.

Il n'est embarrassé d'aucun accessoire, tels que supports, jalons, etc.; il suffit de lui adjoindre un décamètre pour mesurer la base.

Il est d'une grande solidité et ne peut jamais se dérégler.

L'emploi en est assez simple et assez facile pour que des sous-officiers puissent s'en servir après très-peu d'essais.

Il permet de mesurer toutes les distances, quelle que soit la base dont on dispose.

Lorsqu'on opère sur un terrain libre et qu'on a de grandes distances à mesurer, on peut employer de grandes bases et obtenir du premier coup une exactitude supérieure à celle que donnerait un appareil à base constante.

Les distances ordinaires du combat peuvent, en général, être mesurées en moins de trois minutes, avec une approximation suffisante.

Le télémètre de poche n'exige qu'un observateur, ce qui est un avantage à plusieurs points de vue. En effet, lorsque le concours simultané de deux observateurs exercés est nécessaire pour l'emploi d'un appareil, il peut arriver que l'un d'eux manque au moment du besoin, et alors toute mesure devient impossible; il peut aussi arriver que les deux observateurs ne s'entendent pas bien pour viser le même point du but, et cette circonstance peut causer des erreurs énormes.

Enfin, dans un appareil à deux observateurs, la collimation personnelle, dont il a été parlé (n° 81), est une cause constante d'erreurs. Les deux observateurs peuvent en effet avoir des collimations personnelles très-différentes et même de signes contraires; dans ce dernier cas, l'inexactitude qui en résulte pour l'angle C est égale à la somme des deux collimations. La valeur de cette inexactitude atteint souvent 45 secondes, ce qui correspondrait à une erreur de 80 mètres, sur une distance de 4,000 mètres, mesurée avec 40 mètres de base.

Pour éliminer cette erreur, on est obligé d'intervertir le rôle des deux observateurs et de prendre la moyenne des résultats trouvés dans les deux cas ; mais, si l'un des observateurs est illettré, on ne peut pas opérer cette inversion.

Dans le télémètre de poche, au contraire, la collimation personnelle disparaît dans la différence des angles observés aux deux extrémités de la base, et c'est surtout pour cette raison qu'on peut, avec cet instrument, mesurer les grandes distances, beaucoup mieux qu'avec tout autre appareil à deux observateurs.

Les opérations suivantes sont un exemple de la précision qu'on peut obtenir du premier coup, si l'on opère avec soin et si les objets visés sont de formes convenables.

L'instrument a été employé à la mesure d'une distance de 3180 mètres, déterminée très-exactement par une triangulation ; le but était un clocher se détachant sur le ciel ; le signal, un arbre situé à environ 300 mètres de la première station et se détachant bien sur le fond ; la distance a été mesurée avec les bases de 1/50, 1/25 et 1/20 ; on a obtenu du premier coup les résultats suivants : $3171^m,5$; $3185^m,0$; $3178^m,0$. Il est important de noter que les opérations dont il vient d'être question ont été faites avec l'un des premiers instruments construits, dont la graduation était encore incorrecte, et qu'après avoir tenu compte des erreurs de cette graduation, les résultats sont devenus : $3178^m,5$; $3179^m,3$ et $3179^m,0$.

Certains accessoires accompagnaient les premiers télémètres, mais ils ont été trouvés superflus et on les a supprimés. Si un officier connaît la valeur de son pas, il peut, sans le secours d'aucun aide, faire des levers de reconnaissance et porter sur son plan les distances des points remarquables qui peuvent avoir de l'importance dans les opérations militaires.

TABLE DES MATIÈRES

Paris.—Imprimerie de J. Dumaine, rue Christine, 2.